CASCABELARIO

Bruno Francés Giménez

CASCABELARIO
Primera edición: Enero, 2024
© 2024, del texto Bruno Francés Giménez.
© 2024, de la edición, maquetación y diseño Libros Indie.
Sevilla. www.librosindie.net
Diseño de cubierta: Libros Indie.

Printed in Spain-Impreso en España
ISBN: 978-84-10111-06-6

Para ti y para quien cree,

sin albergar miedo, temor, ni duda,

en el *R*esurgir de *C*ada *S*ueño;

hermosa la imaginación que todo lo cura,

sin necesidad de almohada,

sin necesidad de noche, de día,

poesía que vuela libre,

que suena a cascabel,

literatura de este mi amor infantil,

lápiz, tus gestos, mis versos, un papel,

el empeño de la vida cual dulce brisa,

sin tiempo, sin lugar,

sin más dueño que tu preciosa sonrisa.

Yo

El elefante Patagrande

Patagrande el elefante
tenía la trompa pequeña,
todos los días su madre
estiraba la trompa
del elefante Patagrande.

El doctor elefante
recetó colgarlo de la luna
y toda la manada
agarrados de su cola
a estirar todos a una.

¡A las dos no!,
dijo el doctor,
¡a la una!,
y todos mirando el reloj
se durmieron
como bebés en la cuna.

¡A la una, a la una!,
grité el doctor a su hora,
pero la manada dormida
había dejado a Patagrande
con la luna de su trompa cogida.

Y allí se quedaron todos
esperando a la siguiente luna.
Unos encima de otros
una hilera de elefantes
subidos a una duna.

Preparados,
listos para saltar,
la cola de Patagrande estirar,
y al fin su trompa alargar.

El doctor lo recetó
como la medida oportuna.
¡Como usted mande!,
se escuchó.
Pero esta vez,
que quede claro,
a estirar de Patagrande,
cuando pase la luna,
a estirar de Patagrande,
pero recordad,
todos a una.

Maripili Masquenunca

Maripili Masquenunca
era de tres hermanos la menor,
Paco Mucho era el mayor,
Paco Poco era el de en medio,
y Paco Pico un bonito pájaro cantor.

A Paco Mucho siempre le sobraba el tiempo,
a Paco Poco para todo faltábale aliento,
Paco Pico quería cantar saetas
y Maripili Masquenunca era experta en pataletas.

Paco Mucho le contaba
que a veces poco ya era bastante,
Paco Poco le explicaba
que a veces mucho no era conveniente,
Paco Pico hacía gárgaras con bicarbonato,
y Maripili Masquenunca decía
que la vida era siempre un campeonato.

¡Más que nunca!, repetía.

¡Más que nunca!,

¡más que nunca!,

¡más que nunca!

¡Quiero ser la primera más que nunca!; decía.

¡Quiero ser hermosa más que nunca!; insistía.

¡Quiero ser lista más que nunca!, aburría.

¡Quiero todo de todo de todo más que nunca!, con-
cluía.

¡Más que nunca!, repetía.

¡Más que nunca!,

¡más que nunca!

¡más que nunca!

Paco Mucho preocupado

se rascaba la cabeza mucho,

Paco Poco pensativo

se rascaba el ombligo un poco,

Paco Pico le sacaba

con un trapo y jabón

brillo a su pico.

¡Más que nunca!,

¡más que nunca!,

¡más que nunca!,

repetía Maripili cual un mico.
Un escarmiento a Maripili habremos de darle,
dijo el mayor muy serio
pues ha de aprender la lección más pronto que
tarde,
asintió el de en medio
que no siempre más que nunca
es de las opciones el mejor remedio,
pues no importa la cantidad
sino la medida justa,
decidir siempre con criterio.

Paco Mucho y Paco Poco retaron a Maripili
y esta aceptó sin dudar.

¡Más que nunca!,
¡más que nunca!,
¡más que nunca sé que voy a ganar!

¡Las olas del mar
y todas las estrellas del cielo podrías contar!
Incluso los granos de arena
de todo el mundo amontonar,
desde muy alto de un avión saltar,
todos los idiomas hablar,
el espacio sideral visitar,
hasta el infinito te atreverías a contar.

Incluso aprender telepatía
y descubrir todo nuestro pensar.
Pero ahí va el reto que has de conquistar.

Paco Mucho miró a Paco Poco
que comenzaba a sudar.
Mientras Paco Pico
hacía con sus alas
un tambor redoblar...

¿Y si conseguía Maripili el reto saldar?

¡Si eran vencidos no habría pues
ejemplo para escarmentar!

Si Paco Poco es tu hermano de en medio,
y yo, Paco Mucho, tu hermano mayor,
¿a cuál de los dos darás, pregunto,
más que nunca todo tu amor?

Y así es como Paco Pico se lució aquel día
con tambor y con el canto.
Cuando Maripili Masquenunca
quedó muda de espanto.

Que para el amor
como los sentimientos

no hay mucho, ni poco,
ni siquiera tanto.
Y la lección quedó bien aprendida
que más que nunca para cuando toque,
para el resto siempre hay que aprender
y saber cuánto.

El piano Mariano

Mariano era
de teclas blancas y negras un piano,
muy subido tenía el pavo
el creído de Mariano.

Aseguraba que era
de los instrumentos musicales el rey,
el único amo,
el centro de toda la música,
de los mejores músicos el reclamo.

Mariano el piano
se sentía por encima del resto.

De la guitarra aseguraba
que era un jamón con agujero
que servía como cesto.

Del clarinete, del trombón y la trompeta
que eran horribles, huesudas,
del chelo, viola y contrabajo
que no eran más que simples maderas barrigudas.

Del violín
que era tan fino, repipi y cursi
que carecía de modales.

De los timbales
que eran tan vulgares
que vendrían de los arrabales.

De la trompa
que le recordaba a un elefante,
del arpa
que iba siempre desnuda,
sin pudor, ni vergüenza
y ella tan campante.

De la flauta
que era poco más que un pobre bocadillo,
del triángulo
que todo lo más un hierro con algo de brillo
lo mismo opinaba del color y uso del platillo.

Del fagot
su nombre le espantaba,
de la marimba se jactaba
de emplearla para hoguera
cuando refrescara.

Del bombo
que no se sabía las notas
y a poco más que ruido
su sonido le sonaba.

Del tambor
que era primo del bombo
y no podía impedir que bostezara.

Y el gong
le parecía un plato colgado
que era cutre
pero pasaba como caro.

El piano Mariano
iba, de aquí para allá,
repartiendo insultos sin reparo.

El resto de la orquesta ya cansada
quería darle una lección
a semejante descaro.

"Iremos a casa de la pequeña bandurria",
dijo el contrabajo alto y claro,
"que sabe de pócimas, pociones y hechizos",
ella sabrá darnos amparo.

Y todos ellos, sin Mariano,
se fueron hechos una musical peña
a casa del instrumento de doce cuerdas
conocido como bandurria la pequeña.

Bandurria
que no era ni morena,
ni era rubia,
les escuchó atentamente,
y mientras en un caldero echaba
sopas, culebras y peces,
rascaba su frente.

"La solución tengo a alguien
con ese orgullo y esa mente",
y entregó a contrabajo
un líquido invisible
dentro de un recipiente.

"Echar esta poción
para los que se burlan
de quien son de él diferente,
echarla de noche
y tan solo debéis esperar
al día siguiente".

Y allá que se fueron
la peña de instrumentos
todos hechos una piña,
a esperar a que la luna asomara
su brillo en el cielo
como una bonita niña.

Y cuando el piano Mariano dormía
y comenzó en do mayor su ronquido,
hicieron lo que bandurria les dijo
y gong, al amanecer,
soltó fuerte un chasquido.

¡Qué es esto, qué sucede,
qué le ha pasado a mi silueta,
mis teclas están en vilo!
¡Soy de colores, de metal
y tan pequeño que no tengo clase,
apenas estilo!

Cansados de todos tus insultos
los instrumentos estábamos.
Así aprenderás la lección
que no se debe de nadie
hacer burla ni daño.
Ni por altura, color, madera,
metal, sonido o tamaño.

Has pasado en una noche
de ser de la orquesta el gran piano,
a ser, para los niños de un colegio,
el bonito y colorido xilófono Mariano.

Y así quedó la orquesta,
con piano nuevo
con paz entre todos, con armonía,
con ganas de practicar y hacer conciertos
cada noche de cada día,
y para todos los niños del colegio
que escuchaban a Mariano,
una colorida fiesta,
una musical alegría.

La gotica, tica, tica

La gotica, tica, tica
siempre andaba *mojaíca*,
siempre con el pa'pañuelico, lico, lico
la gotica, tica, tica,
pasaba la vida *constipaíca, ica*.

Capilla la peladilla

Que siempre se atragantaba,
Capilla la peladilla,
cada vez que entraba en la garganta,
allá que sufría de sudores,
de miedo,
siempre como una terrible pesadilla.

Que lo veía todo oscuro,
que no lo tenía claro,
que no la convencían,
que no le vendían la moto.

Que de pasar de la lengua no se atrevía,
¿a ver a dónde iría a parar?
Si eso era como una cueva,
o como la entrada del metro,
o como el tren de la bruja,
pero sin regalo de la muñeca chochona,
ni del perro piloto.

Que a Capilla no le venía bien
que se la comieran.

No así,
de pronto,
sin avisar;
menudo alboroto
caer por ese agujero.
Menudo caos,
menudo terremoto.

Si llevara luz,
si llevara linterna,
gafas de bucear,
alguna sirena,
por si me perdiera al bajar;
si estuviera mamá no me soltaba,
ya te digo yo
me agarraba fuerte a su pierna.

Que sí,
que soy dulce,
que es mi destino,
pero que si no se me traga bien,
un poco de tos provocaré
antes de llegar al intestino.

Que siempre he sido azucarada,
golosina, dulce, chuchería,
que soy redondita,
que soy de color rosa,
que soy chiquita,
que reparto sonrisas,
que reparto alegría.

Respiraré hondo,
para ellas y ellos soy una pequeña
y deliciosa maravilla;
dejémonos de miedo y a endulzar.

Mamá le ha dicho que voy de postre,
después de la cena,
después de la tortilla,
si se lo come todo y bien se ha de portar.

No olvidéis mi nombre.
Soy Capilla,
Capilla la peladilla.

Arturo el zapato derecho

Arturo el zapato derecho
siempre quiso ser el zapato izquierdo.

Siempre el mismo lado de la vía veo, decía.
Y allá que se cruzaba cuando nadie lo veía.

¡Que quiero ser el zapato izquierdo!, gritaba.
¡Que quiero ser el zapato izquierdo!, exclamaba.

¡Lo dirás de broma!,
le respondió Pimentón el zapato izquierdo.
¡Que no te cruces que nos caemos!
¡Que no es la primera vez que nos damos de bruces!
¡Recuerda cuando pisaste aquellos altramuces!

¡Que estoy aburrido de ir siempre a la derecha!
¡Que quiero ver el otro lado del mundo!
¡Andar siempre a la misma vera!

Toda la vida, como dice la canción,
a este lado de la carretera.

Arturo el zapato derecho lloraba y lloraba
tan sólo pedía cambiar de lado,
aunque fuera un día,
no importaba cuál,
aunque sólo fuera un sábado.
Pimentón al verlo desconsolado
trató de calmarlo.

¡Cada cual nace como es!, le dijo.
¡Jamás podrás ser el zapato izquierdo!
¡Tienes forma de ese pie pero
si te fijas bien y no siempre tan obsesionado,
verás que al ir siempre observas el lado derecho,
¿pero qué descubres al volver?

Y Arturo el zapato derecho
aprendió que, en verdad,
no siempre iba por el mismo camino,
y que era cuestión de olvidarse de la forma,
que era cuestión de ser uno mismo,
y de crear,
siendo quien se es,
su propio destino.

El tomate Macareno

Macareno era un tomate
que tanto comía chocolate
que más que tomate
Macareno era puro disparate.

Macareno se puso a dieta
todo el día en bicicleta
pero le podía más desayunar chuleta,
comer panceta
y cenar un litro de zumo con galleta.

Macareno no se cuidaba
la ensalada de verdura no le molaba.
Acelgas, calabacín, cogollos, cebolla
con eso Macareno no llenaba ni una olla.

¡No quiero verdura!
¡No la quiero ni en pintura!
Quiero algo que me alimente.
Pizzas, bollos, mantecados,
todos y muchos en una bonita fuente.

Macareno siguió mal comiendo
y no pudo ser ensalada,
ni siquiera gazpacho.
¡Buf!, hasta mirarlo daba empacho.

Pues los alimentos
han de ser frescos y sanos
que los comemos los humanos
desde que muy enanitos nacemos
hasta que a muy viejitos llegamos.

No como el tomate Macareno
que por no seguir una dieta sana
y preferir lo que le venía en gana
no pudo ser, para nadie, un alimento bueno.

Pilareta Muchavista

Pilareta Muchavista
gafas de pasta usaba;
las uñas se pintaba
del color de la falda,
de la media,
o de la blusa
que ese día usaba.

Azul, verde, violeta,
rojo chichón, amarillo,
hoy viste de color Esmeralda.

Pilareta tenía un perro
y dos y tres
y cuatro y cinco
y siete menos uno seis.

A ninguno perdía de vista
Pilareta Muchavista
que de los perros
y hasta de los gatos
siempre seguía la pista.

Pilareta era bajita,
morena y sonriente,
hablaba inglés, francés,
valenciano y castellano,
y algún otro idioma distinto,
inventado por ella, diferente.

Pilareta, aunque lloviera,
y sin que nadie le cogiera la mano,
no se la llevaba la corriente,
que no paraba de hablar,
y hablar,
y hablar,
que todo aquel que se la cruzaba,
que era muy pesada,
se escondía debajo de un puente.

Le gustaban las olivas,
las olivas sin hueso,
la tortilla de patata,
las hechas con cebolla,

con cebolla y huevo,
le encantaba patinar,
ir a la playa,
cantar y bailar,
¡ah!,
y el pan con mucha molla.

Pilareta tenía un perro
y dos y tres
y cuatro y cinco
y siete menos uno seis.

Y escondido en este poema
se encuentra el nombre de uno de ellos.

Encuentra el color de su falda,
descubre el color de sus medias,
averigua el color de su blusa,
y darás no sólo con su nombre;
pues si con eso no te basta,
hallarás incluso el color de sus gafas de pasta.

Dolores la mariposa

Dolores la mariposa
pintaba el cielo de colores,
untaba sus alas con polen
de todas y cada una de las flores
y los extendía por el cielo
como un gigante lienzo
con un precioso vuelo,
a la vista del brillante sol Lorenzo.

¡Qué cosa más hermosa
ver volar a Dolores la mariposa!

Dolores la mariposa
también volaba de noche,
con su amiga la luciérnaga Paulina,
volaban sin descanso,
a troche y moche,
sin dejar ninguna esquina,

uniendo estrellas,
creando formas de alucina,
escribiendo palabras,
nombres, osas polares,
peces, cangrejos,
dibujando las constelaciones
y contando los luceros
como si fueran del cielo lunares.

¡Qué cosa más hermosa
ver volar a Dolores la mariposa!

La luna sonriente
la saludaba,
el sol con sus rayos
la calentaba,
el viento cuando cansada estaba
la transportaba,
y el mar y los lagos
cuando tenía sed
la refrescaban.

Toda la naturaleza
ponía su empeño
admirando y apoyando
a que un ser tan pequeño
con sus alas ondeando
plasmara en el cielo tal belleza.

¡Qué cosa más hermosa
ver volar a Dolores la mariposa!

Y así sucedía cada día,
y así pasaba cada tarde,
y así volaba cada noche,
Dolores la mariposa,
decorando con armonía,
con las alas como arte,
pintando, coloreando
con hermoso derroche
todos los cielos que
don Sol brillante
y doña Luna hermosa
cual nuevo lienzo en blanco
reluciente, nuevo, destellante
le van,
a su vuelo,
cada día,
cada tarde,
cada noche,
colocando delante.

El pollito Martino

El pollito Martino
quería ser vaca,
quería ser lobo,
quería ser por un día
agente de policía.

Nunca sabía
lo que quería.
Hasta de chino mandarino
se disfrazó el pollito Martino.

Hay tanto que ver,
por hacer en el mundo,
que perder un segundo
es como dejar de aprender.

El pollito Martino
quería ser pato,
quería ser nube,
quería ser gato,
quería ser la letra uve.

El pollito Martino
comía gazpacho,
comía lentejas,
se hacía llamar Nacho
al conversar con las viejas.

El pollito Martino
leía novelas,
pintaba bodegones
escribía poemas,
se sacó el carné
para conducir camiones.

El pollito Martino
quería ser sol,
quería ser luna,
le encantaba la col
y mucho más la aceituna.

El pollito Martino
siguió progresando
se hizo astronauta
y se lanzó al espacio.

El pollito Martino
desde los planetas
envía cartas
para que le manden galletas.

Y ahí lo dejamos
al pollito Martino
surcando el universo
comiendo piruletas
mientras sigue ingeniando.

Pero no preocuparos
por el pollito Martino
que pronto andará regresando
pues antes de salir volando
para seguir buscando metas
se dejó, cual un desatino,
olvidadas en casa las maletas.

Paca la ventana y Paco la puerta

Nunca se ponían de acuerdo,
Paca la ventana y Paco la puerta,
que la corriente,
¡que se me cierra la puerta!,
gritaba Paco,
¡que al menos bajes la persiana!

¡Que entre toda la luz!,
respondía Paca.

La del sol de la mañana,
la de la luna llena,
y hasta la de la farola,
que queda en la calle, en la acera,
que anda que no mola.

¡Que no cierro la ventana!
¡Que no bajo la persiana!
¡Que la puerta está cerrada!
Pero que a veces la dejas abierta.

Que aquí todos somos tan iguales
como somos diferentes.

Que puertas y ventanas,
se cierran las dos con las manos,
o también con la corriente,
pero que dejemos ahora el tema,
que están llegando, dijo Paca,
sí que los escucho, dijo Paco,
que van a entrar o salir,
que van a abrir o cerrar,
que en el fondo formamos parte
del servicio de un hogar.

Ya tendremos tiempo para charlar,
¿o le preguntamos a las niñas y a los niños?

¿Qué solución pondrías a la eterna discusión
de Paca la ventana,
de Paco la puerta?

¿Cuál cerramos?
¿Cuál abrimos?
¿Te atreves a dar una respuesta
a la duda existencial de Paca la ventana
y Paco la puerta?

Gato y Perro

Mi perro se llama Gato,
mi gato se llama Perro;
cuando Gato ladra,
maúlla Perro.

A veces se pelean
mi perro que es Gato
y mi gato que es Perro.

Maúllan y ladran,
mi gato y mi perro.

Mi gato maúlla
y ladra mi perro.

Entonces, digo yo,
¿quién ladró
o maulló primero?

¿Mi perro que se llama Gato
o mi gato que se llama Perro?

La tortuga Nocheydía

La vieja tortuga Nocheydía
caminito de noche se hacía,
caminito de vuelta de día.

Por llegar prisa no había,
eso decía la vieja tortuga Nocheydía.

Que, si la vida era un no parar,
que lo entendía,
que a ella en el caminar
tanto el sol como la luna le lucía,
que en el camino, para alumbrar,
la luz de ambos le valía.

La vieja tortuga Nocheydía
caminito de noche se hacía,
caminito de vuelta de día.

Lo importante era llegar;
y al llegar pues de nuevo a regresar.

¿Que la sopa estaba fría?
Ya saldría más temprano otro día.

¿Que daban muchísimo sol y quizás se derretía?
Pues, fácil, saldría de noche en lugar de salir de día.

Cada uno su ritmo ha de aprender a llevar,
la tortuga Nocheydía decía.

Si soy más lenta no es culpa mía,
disfruto del paseo con alegría.

¿Para qué me quiero disgustar
si nunca seré la primera en llegar?

La velocidad no es cosa mía,
pero ¿quién ha dicho que la querría?

No soy de pasito ligero
pero tengo caminar rockero
 y movimiento tope sexy en el trasero.

La vieja tortuga Nocheydía
caminito de noche se hacía,
caminito de vuelta de día.

Guardo en mi caparazón
todo lo que quiero;
desde gafas de sol
a un bonito chubasquero.

Zapatos de charol
para la leche un gran tazón,
hilo y aguja y un botijo,
hasta fotos de mi nieto y de mi hijo.

Caldo para el cocido,
para mi mujer llevo un vestido,
reloj digital y de arena,
y una foto en un museo con una ballena.

Todo y mucho más y tanto
que, de ir por el mundo corriendo,
en un traspiés o veloz adelanto
aún lo podría ir perdiendo.

Lo importante era llegar, insistía;
y, al llegar,
pues de nuevo a regresar.

Cada uno su ritmo ha de aprender a llevar,
la tortuga Nocheydía repetía.

La vieja tortuga Nocheydía
caminito de noche se hacía,
caminito de vuelta de día.

Pilareta y Susaneta

Pilareta Menoscuarto
y Susaneta Doceymedia
del reloj de la torre escaparon.

Quiero ver cielo, mar y tierra
dijo Pilareta Menoscuarto,
todos los soles, las lunas y las estrellas,
dijo Susaneta Doceymedia.

Quiero soñar y bailar,
y sacar perros a pasear,
suspiró Pilareta a las cuatro.

Quiero ser peluquera,
florista o bombera,
añadió Susaneta al poco rato.

Queremos hacernos un *selfie*
dijeron, pero al llegar a la fuente.
Y calle a bajo y al trote rodaron
y al llegar al borde de la fontana sonrientes posaron.

A Facebook o a Instagram lo subiremos,
o nos hacemos un baile en el Tik Tok,
o mejor no, que en las redes sociales,
en verdad,
se pierde mucho tiempo,
y hay mucho peligro,
y no te cuento del riesgo,
que mejor solo para nosotras,
pero nada serio,
algo así como un simple y divertido pasatiempo.

Rodolfito Cincoyveinte
y Antoñito Seisycuarto
salieron tras de ellas al poco.

No llevaban moto, ni coche,
ni bici, ni zapato, ni moto;
y bajando a la carrera la pendiente
casi pierden a las dos en punto un diente.

La misión era clara,
la misión era de auténticos minutos valientes,
regresarlas al reloj de la torre,
pero pronto,
antes del día siguiente,
que el tiempo se las pela,
y a qué velocidad,
y sin detenerse corre.

Que no podía ser un reloj sin todas sus horas,
qué diría el Señor Tiempo,
qué exclamaría a los cuatro vientos,
¡que se nos descolocan los anocheceres!
¡que se nos pierden los atardeceres!
¡que se nos duermen por las mañanas las auroras!
que el tiempo que pasa no vuelve,
que cada momento tiene una vida que añoras.

Susaneta Doceymedia
y Pilareta Menoscuarto
a la aventura de vivir corrieron,
estar encerradas no,
y mucho menos allí arriba,
con lo que sopla en invierno el viento,
y pega el sol en verano,
menudo frío,
menudo tormento,

que igual me congelo,
que igual nos achicharramos,
que igual nos cubre la nieve,
que igual nos alcanza un rayo,
que se pegan las hojas del otoño,
que la alergia al polen en primavera,
que del calor a Pilareta le salen granos,
que Susaneta al cambio de estación es muy sensible,
que a base de caldos de manzanilla y jengibre,
se pasa la florida estación entera.

Que estar encerradas no,
que lo siento,
que se quede otro en la noria de girar las agujas,
de rotar a todo momento,
menudo mareo al final,
que no,
que no
y que no,
¿encerradas allí arriba?
para nada,
y siempre al mismo compás,
siempre al mismo ritmo,
siempre como aburridos molinos,
sin salirse de la fila,
sin un baile,
sin un chachachá,

sin un rock,
siempre los mismos caminos,
sin ningún canto ni instrumento,
que no,
que no,
que no,
menudo aburrimiento,
que no,
que no,
y que no,
y mucho menos todo el tiempo.

A huir del reloj ayudaron los segundos,
que pasaban muchas veces delante de ellas,
tic, tac, tic, toc,
tic, tac, tic, toc,
dando vueltas como eternos trotamundos.

Nosotros os ayudaremos,
el primer segundo les dijo,
a escapar de la torre,
continuó el tercero,
pero corre que te corre,
tic, toc,
tic, toc,
tic, toc,

cantaba el segundo
que se había despistado
mirando desde allí arriba
lo bonito que se veía el mundo.

Susaneta Doceymedia
y Pilareta Menoscuarto
la manta a la cabeza se echaron.

Que ellas querían vivir,
que no les dieran cuerda,
que querían sentir
lo que era girar tanto a la derecha,
como lo que era girar a la izquierda.

¿Que Rodolfito Cincoyveinte
y Antoñito Seisycuarto las seguían?
¿Que las querían devolver a la torre?
Misión difícil ellos tenían
pues las cinco y veinte,
y las seis y cuarto,
andarían siempre detrás
de las doce y media,
y de cualquier menos cuarto.

Y así se quedó la historia de
Susaneta Doceymedia
y Pilareta Menoscuarto.
Que quisieron ser libres,
pero todo el rato.

La Gordita Capricho

La pequeña Gordita Capricho
acompañó a su madre a la plaza.

¡Mamá!, le dijo la pequeña Gordita Capricho,
podrías comprarme atún, pan y calabaza,
lomo, mero y salmón,
hasta un poco de sal, azúcar y limón.

¿Recuerdas sin mirar lo dicho
que quería comprar en la plaza
la pequeña Gordita Capricho?

La pequeña Gordita Capricho
acompañó a su padre a la papelería.

¡Papá!, le dijo la pequeña Gordita Capricho
mientras su vista,
ante tanto artículo, perdía.

Podrías comprarme un boli, una carpeta y una pinza,
gomas, cuadernos, chinchetas y rotuladores,
blocs, un compás, una caja de lápices,
una grapadora, unos clips, sacapuntas
y un montón de ceras de colores.

¿Recuerdas sin mirar lo dicho
que quería comprar en la papelería y en la plaza
la pequeña Gordita Capricho?

La pequeña Gordita Capricho
acompañó a su abuelo a comprar un pastel.

¡Abuelo!, le dijo la pequeña Gordita Capricho,
podrías comprarme una tarta de chocolate
y otra de miel,
helados, milhojas, bollos, mantecados,
una empanada, una toña,
coca de mollitas, pan de ajo,
de cebolla,
saladitos y zumo para beber;
todo, para no mancharme,
plis, en una bolsa de papel.

¿Recuerdas sin mirar lo dicho
que quería comprar en la pastelería,
en la plaza y en la papelería,
la pequeña Gordita Capricho?

La pequeña Gordita Capricho
fue a casa de su abuela, a ver.

¡Abuela!, le dijo la pequeña Gordita Capricho,
¿quieres adivinar todo lo que de comprarme hoy
en la plaza,
en la papelería
y en la pastelería,
que quería he dicho?

La abuela rio con una enorme sonrisa,
mientras que por la ventana corría un bicho.

Ponte a pensar como una noria;
pon en la mesa lo comprado
y repite lo pagado,
si puedes,
de memoria.

La pequeña Gordita Capricho
aprendió ese día la lección.

Tener mucho y un montón
no valía más que para llenar ciento y un cajón,
pues, en verdad, para pasar un día
no necesitaba más que en el corazón magia y alegría.

Aun así suspiró con gesto aliviado.
Jejeje, era lunes y ya estaba todo cerrado.
Que mañana a las nueve
el bar de Manolo abría
y además de leche fría,
agua y pastelería,
algo más encontraría
para algo la boca tenía,
para pedir como estaba mandado y dicho,
pues era la pequeña Gordita Capricho
que hasta llegar el martes
iría a descansar y pensar
todo lo que para comprar
había dicho.

¿Puedes ayudar a recordar,
antes de quedar dormido,
qué compró en su recorrido,
la pequeña Gordita Capricho?

La Luna le tuvo miedo a la noche

La Luna le tuvo miedo a la noche
pues estaba muy oscura.

Muy negra pintaba la noche
y la Luna sola a mucha altura.

Tropezó al caminar,
cayó y perdió pintura.

De llena la Luna de noche
se quedó a un cuarto de blancura.

La Luna le tuvo miedo a la noche
pues estaba muy oscura.

La Luna, desesperada, no sabía qué hacer
para vencer tan terrible amargura.

El Sol salió en su ayuda,
¡luce sin miedo, le dijo, *toda tu hermosura*!

La Luna respiró profundo,
¡brillar allá, en el cielo, trepidante aventura!

Controlar el miedo a la oscuridad,
¡menuda asignatura!

La Luna le tuvo miedo a la noche
pues estaba muy oscura.

Las estrellas a su lado acudieron;
¡No temas a la noche!, le dijeron con dulzura.

Que el cielo sin ti brillando
no es más que un negro paño de locura.

Soy joven y muy miedosa,
sé que me falta valor y algo de soltura
pero aprenderé a lucir lustrosa
estos cuatro estados de mi figura.

De menguante a nueva,
de creciente a rutilante,
haré de esta oscura cueva
un lugar soñado, mágico, brillante.

Tomaré forma de herradura,
a veces me verás transparente,
pues igual no llevo vestidura
como visto de blanco reluciente.

Lo haré por los mares y las olas.
Lo haré por los amantes que se quedan a solas.

Pero, sobre todo,
lo haré por los niños,
los medianos,
los pequeños
y los grandes.

Lo haré por todos ellos.
Llenaré la oscuridad de luz,
de colores
y de infinitos destellos.

Lo haré por todos aquellos
que, como yo,
sin conocer por qué ventura
le tuvimos miedo a la noche
pues estaba muy oscura.

Carlota la pelota que no bota

Suda la gota,
Carlota la pelota que no bota.

No se enfada, desespera, ni alborota,
sopla, sopla y resopla,
bufa, bufa y rebufa… ¡buffffffffffff!;
al final piruetas torcidas,
cabriolas a las chufas parecidas.

Se sube a la escalera,
toma impulso a la primera…
carrera… pim pom fuera…
y… biennnnnnn… síííííí…
¡¡¡¡¡Oooooooooohhhhhh!!!!!

Ni a la tercera funciona el intento,
de saltar por encima del viento
parece que nada;

ya pensará para botar
un nuevo experimento.

Es tarde y está cansada
de subir tanto escalón
a la ducha y a la cama
después de bien frotarse
las curvas con jabón;
que mañana toca escuela,
en cuanto luzca sus rayos Don Sol
que en la Escuela de Todos los Objetos
se estudia con tesón
pues el ABECÉ y la numeración
no es solo cosa de niños,
aprender la lección es
para todos los sentidos
sin de naturaleza distinción.

Con la profesora Cachivache
a leer hasta la hache,
con el profesor Cuadriculado
suma y restas con los dedos y los dados,
gimnasia para aprender a respirar profundo,
dibujo para colorear bonito el mundo,
los idiomas para amar
con diferentes banderas,
la música para cantar y bailar
sin importarnos las fronteras.

¡A trabajar si se quiere rebotar!,
que el suelo es muy duro
pero su constancia mucho más;
Carlota la pelota que no bota
sueña con saltarse la luna;
ni un pequeño trote
cuando saltó de la cuna.

Mamá le dijo
que esas cosas no importaban,
que las brillantes bolas de billar
mira si correteaban;
papá le contó
que los planetas no van saltando
pues se perderían lo maravilloso del cielo
y por eso van paseando.

Hasta Chibola su hermana pequeña
le susurró que,
de todas las cosas bellas,
acariciar era lo más cercano
de una bola a un ser humano
y eso sólo se conseguía
de un modo, rodando.

Carlota la pelota que no bota
sudó otra vez la gota.

"Todo eso está muy bien", les dijo.

"¡Que no me quejo de ser del bote coja!",
y mamá se quedó boquiabierta.

"¡Que no pretendo ser bola carambola encerrada
en un billar!",
y papá se quedó *boquicerrado*.

"¡Que no quiero ser ni vegetal, ni animal, ni huma-
no!",
gritó y Chibola se quedó bizcoreta
y con cara plana como de chancleta.

"¡Que yo quiero lo aprendido
en la escuela utilizar,
aprender en el mar a nadar,
construir unas alas para volar,
sentir el viento,
leer, sumar, restar,
la luna de cerca contemplar,
adaptarme a este mundo
con mi modo de ser, de caminar;
pero para eso he de trabajar,
equivocarme y acertar,
que no quiero ser otra cosa,

que siendo yo,
ya he de sentirme
valiosa y maravillosa,
tan sólo quiero ser eso,
yo misma:
"¡Carlota la pelota que no bota!"

Y colorín, colorado,

este sonoro cascabelario,

se ha acabado.

ÍNDICE